TOP TEN

LOS **DIEZ** DINOSAURIOS MÁS **PELIGROSOS**

algar

¡EMPEZAMOS!

¿CREES QUE SABES CUÁLES SON LOS DIEZ DINOSAURIOS MÁS LETALES DE LA HISTORIA?
Seguramente pensarás en los grandes carnívoros, como el tiranosaurio, pero debes saber que no siempre se imponía la fuerza bruta… De hecho, a veces, una inesperada arma secreta usada en el momento justo era más eficaz y destructiva. Así, hasta un pacífico dinosaurio herbívoro podía transformarse en una **¡MÁQUINA LETAL!**

ARMA LETAL

CURIOSIDAD

Busca estos símbolos para descubrir **CURIOSIDADES** sorprendentes y las **CARACTERÍSTICAS LETALES** que hacen que estos **DIEZ DINOSAURIOS** ¡sean dignos de nuestro **Top Ten**!

¡EL NIVEL DE PELIGROSIDAD IRÁ CRECIENDO DE LA POSICIÓN **10** AL TERRIBLE NÚMERO **1**!

¡ATENCIÓN!

Al final de esta página tienes el nombre de los **DIEZ DINOSAURIOS**: intenta adivinar su posición escribiendo cada nombre al lado del número que crees que le corresponde. **¡LEYENDO EL LIBRO DESCUBRIRÁS CUÁNTOS HAS ADIVINADO!**

1 _

2 _

3 _

4 _

5 _

6 _

7 _

8 _

9 _

10 _

Yo no formo parte del Top Ten, pero en una de las páginas podrás descubrir quién soy...

- **ESTEGOSAURIO**
- **APATOSAURIO**
- **TRICERÁTOPS**

- **TIRANOSAURIO**
- **IGUANODONTE**
- **ANQUILOSAURIO**

- **TERICINOSAURIO**
- **DEINONYCHUS**
- **TROODON**
- **ESPINOSAURIO**

10.

IGUANODONTE

NOMBRE CIENTÍFICO:

Iguanodon bernissartensis

LONGITUD: 13 metros

Podía parecer una presa fácil, pero su calma era solo aparente. De hecho, ante un ataque, el iguanodonte se defendía con una **UÑA GRANDE Y FUERTE** que tenía encima del primer dedo de la pata delantera y que, por lo general, le servía para acercarse a la boca las ramas llenas de hojas. Cuando se peleaba en un cuerpo a cuerpo, esta uña mortal se convertía en un **PUÑAL** que se clavaba en el pecho del agresor, que seguramente acababa por abandonar la lucha.

PESO ESTIMADO: 3-4 toneladas

DIETA: herbívoro (comía alimentos de origen vegetal)

PERIODO: Cretácico (hace 125 millones de años)

ARMA LETAL
Uña grande y puntiaguda
encima de cada pulgar.

CURIOSIDAD
Su nombre significa
'diente de iguana'.

ESTEGOSAURIO

NOMBRE CIENTÍFICO:
Stegosaurus ungulatus

LONGITUD: 9 metros

¿Qué hacía que este apacible dinosaurio resultara tan amenazante? Más aún cuando las reducidas dimensiones de su cabeza y su cerebro indican que no debía brillar por su inteligencia.

Tenía su punto fuerte en la cola, cuya punta estaba dotada de unas **ESPINAS GRUESAS Y AFILADAS**. Moviéndola de un lado a otro, daba unos golpes tan potentes que lograba **ROMPER EL CRÁNEO** o las patas de cualquier depredador que osara atacarlo.

PESO ESTIMADO:
7 toneladas

DIETA: herbívoro (comía alimentos de origen vegetal)

PERIODO: Jurásico (hace 150 millones de años)

ARMA LETAL
Espinas largas y gruesas
en la cola.

CURIOSIDAD
Su cerebro era poco más
grande que una nuez.

TERICINOSAURIO

NOMBRE CIENTÍFICO:
Therizinosaurus cheloniformis

¿Cómo? ¿Nunca has oído hablar de mí?

LONGITUD: 10 metros

Un aspecto tan espantoso como el del tericinosaurio ¡solo podía suscitar terror! Los dedos de sus patas delanteras acababan con unas **UÑAS** en forma de **GUADAÑAS LARGAS** de hasta un metro.

Por lo general, las usaba para acercarse a la boca las ramas cargadas de hojas, su alimento, pero, si a algún gran carnívoro se le ocurría mirarlo con malas intenciones, probablemente las garras lo mantendrían alejado. De hecho, un «simple» rasguño podía provocar heridas letales.

PESO ESTIMADO: 6 toneladas

DIETA: herbívoro (comía alimentos de origen vegetal)

PERIODO: Cretácico (hace 70 millones de años)

ARMA LETAL
Patas delanteras con
garras largas.

CURIOSIDAD
Los primeros fósiles fueron
descubiertos hace casi 80 años en el
desierto de Gobi, en Mongolia.

ANQUILOSAURIO

NOMBRE CIENTÍFICO:
Ankylosaurus magniventris

LONGITUD: 9 metros

La principal **ARMA DE DEFENSA** del anquilosaurio era su robusta coraza, que le cubría gran parte del cuerpo y de la cabeza.

Además, este dinosaurio acorazado tenía en la punta de la cola una **MAZA DE CASI 50 KILOS** que usaba como una bola de desguace: haciéndola rotar en el aire, podía golpear con precisión y hacer añicos los huesos de las patas de grandes depredadores como el tiranosaurio.

PESO ESTIMADO:
8 toneladas

DIETA: herbívoro (comía alimentos de origen vegetal)

PERIODO: Cretácico (hace 70 millones de años)

ARMA LETAL
Gran maza pesada en la
punta de la cola.

CURIOSIDAD
Incluso sus ojos estaban
protegidos por pequeñas placas
en vez de por párpados.

DINOSAURIOS ACORAZADOS

La **CORAZA**, seguramente, es una de las estrategias de defensa más eficaces. De hecho, impedir que los dientes y las garras de un depredador lleguen a las partes más vulnerables del cuerpo puede suponer la diferencia entre la vida y la muerte. Si, además de contar con diferentes tipos de **ARMADURAS**, le añadimos **ESPINAS** y **MAZAS**, podremos explicar cómo dinosaurios como el estegosaurio o el anquilosaurio consiguieron mantener a raya a los depredadores.

HASTA LOS CARNÍVOROS MÁS ASTUTOS Y FEROCES SE LO PENSABAN DOS VECES ANTES DE ATACAR «TANQUES» VIVIENTES COMO EL ANQUILOSAURIO Y COMO ESTOS OTROS TRES DINOSAURIOS ACORAZADOS...

Gastonia

Coraza y espinas.

Su nombre hace honor al aficionado paleontólogo estadounidense Rob Gaston.

Cretácico (hace 125 millones de años).

Seguro de sí mismo gracias a su **CORAZA ROMPEDIENTES**, el gastonia plantaba cara con valentía incluso al feroz Utahraptor, el cual se arriesgaba a recibir graves heridas con las **CUCHILLAS** de la coraza y la cola, y con las **GRANDES ESPINAS** que este herbívoro tenía sobre los hombros. A diferencia del anquilosaurio, la cola no presentaba una maza.

Sauropelta

Todo cubierto de **ESPINAS Y PLACAS**, el sauropelta podía sentirse bastante seguro. Su cuello, la parte más delicada, disfrutaba de una protección adicional: unas **ESPINAS CON FORMA DE COLMILLO** que bloqueaban los mordiscos de los depredadores más grandes.

Coraza y espinas.

Dientes con forma de hoja para triturar los vegetales.

Cretácico
(hace 125 millones de años).

Kentrosaurio

Parecido al estegosaurio, aunque más pequeño, el kentrosaurio contaba con una ayuda extra: solo tenía placas planas en la parte delantera de la espalda, mientras que a los lados y en la cola contaba con un mayor número de espinas. **PARA PROTEGERSE LOS HOMBROS,** tenía dos **ESPINAS MÁS LARGAS**.

Espinas muy largas sobre su cuerpo y su cola.

Su cuello flexible le permitía mirarse la espalda.

Jurásico
(hace 152 millones de años).

DEINONYCHUS

NOMBRE CIENTÍFICO:
Deinonychus antirrhopus

Vaya plumas tan bonitas que tengo, ¿verdad?

LONGITUD: 3,5 metros

Más que sus dimensiones, lo que impresionaba de este dinosaurio era su técnica de caza. Antes que perseguir, prefería **ACECHAR** y asaltar a una presa que nada sospechaba. Y lo hacía desde puntos elevados, como una roca o la rama de un árbol. La **AFILADA GARRA DE LAS PATAS TRASERAS**, de unos 15 centímetros, debía servirle para sujetar firme a la víctima contra el suelo.

Cuando caminaba o corría, levantaba la garra hacia arriba para evitar que se le rompiera, por ejemplo, contra una piedra.

PESO ESTIMADO:
100 kilos

DIETA: carnívoro (comía alimentos de origen animal)

PERIODO: Cretácico (hace 115 millones de años)

ARMA LETAL
Una garra afilada y curvada hacia arriba en cada pie.

CURIOSIDAD
Probablemente estaba cubierto de plumas, como los pájaros.

Aunque su nombre significa 'terribles lagartos', los dinosaurios tienen una relación estrecha de parentesco con las aves, a las que muchos consideran como auténticos **DINOSAURIOS VIVIENTES**. Pero, a diferencia de la mayor parte de estas, los dinosaurios no sabían volar. Las plumas del cuerpo les servían de abrigo caliente, y en las patas delanteras tenían unas más largas que les permitían **PLANEAR** cuando saltaban.

LA TRANSFORMACIÓN DE LOS DINOSAURIOS EN AVES HA SIDO LARGA Y HA DADO MUCHOS EJEMPLARES YA EXTINGUIDOS, TAN PELIGROSOS COMO SUS ANCESTROS. TAMBIÉN ENTRE LAS AVES ACTUALES HAY ALGUNAS QUE MUESTRAN LA MISMA FEROCIDAD: ¡COMPAREMOS DOS EJEMPLOS DEL PASADO CON UNO DEL PRESENTE!

Utahraptor

La capacidad de matar del potente utahraptor es indiscutible si se tienen en cuenta sus grandes dimensiones, sus **LARGAS GARRAS** de más de 20 centímetros y sus **AFILADOS DIENTES** como cuchillas. Se movía veloz y en grupo, y aterrorizaba al resto de los dinosaurios.

Velocidad y garras.

Es probable que, al menos de joven, tuviera plumas.

Cretácico (hace 125 millones de años).

Aves del terror

Inteligencia y colaboración.

Corrían veloces gracias a sus largas y musculosas patas.

Mioceno (hace entre 23 y 5 millones de años).

En el Cenozoico merodeaban las aves del terror, que no podían volar y eran altas como los avestruces. Sembraban el pánico entre los pequeños mamíferos, a los que atrapaban con las garras de sus alas. Después se los llevaban a su **ENORME PICO GANCHUDO,** con el que les rompían los **HUESOS.**

Casuario

Garras.

El padre es quien incuba los huevos y cuida a los pequeños.

Actuales.

En el casuario se concentra toda la ferocidad de sus ancestros dinosaurios. Incapaz de volar, está considerado hoy día como **EL AVE MÁS PELIGROSA** del mundo debido a las garras de sus patas, que miden 10 centímetros de largo. Capaz de dar fuertes patadas, puede enfrentarse con facilidad a cualquiera que le suponga una amenaza.

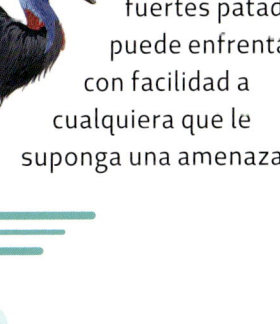

5 APATOSAURIO

● **NOMBRE CIENTÍFICO:**

Apatosaurus ajax

LONGITUD: 21,5 metros

Su peso y sus grandes dimensiones bastaban para convertir a este **COLOSAL HERBÍVORO** en un dinosaurio imposible de atacar. Si algún desafortunado intentaba darle caza, se las tendría que ver no solo con unas inmensas patas como columnas que intentarían aplastarlo, sino también con una **LARGA COLA**. Muy delgada en la punta, la azotaba como un **LÁTIGO** a una velocidad supersónica que llegaba incluso a producir un **SONIDO** espantosamente ensordecedor, parecido a un disparo.

PESO ESTIMADO:
70 toneladas

DIETA: herbívoro
(comía alimentos de origen vegetal)

PERIODO: Jurásico
(hace 150 millones de años)

¡Vaya! Desde aquí arriba puedo ver dónde se encuentra el primer clasificado!

ARMA LETAL
Cuerpo inmenso y cola como un látigo.

CURIOSIDAD
Sus huellas medían más de un metro.

GIGANTES PREHISTÓRICOS

Para defenderse de los depredadores, algunos dinosaurios herbívoros fueron creciendo en tamaño, incluso podemos decir que eran **COLOSALES**. Conocidos como «dinosaurios de cuello largo», los saurópodos fueron los animales más grandes que han caminado nunca sobre la Tierra. Para aplacar su insaciable apetito, se trasladaban en grupo en busca de hojas, que alcanzaban gracias a su largo cuello.

TODO EL QUE SE ACERCABA DEMASIADO A SUS PIES CORRÍA GRAVE PELIGRO, PUESTO QUE PODÍA TERMINAR HECHO PAPILLA FÁCILMENTE. ESTOS SON TRES DE LOS SAURÓPODOS MÁS GRANDES.

Diplodoco

Atacar a un diplodoco adulto era un asunto difícil. Ante una agresión, podía plantarse sobre sus patas traseras y dejarse caer encima del depredador con todo el peso de su cuerpo, tratando de aplastarlo. Después, una **GARRA AFILADA EN SUS PULGARES** traseros hacía que sus patadas fueran letales.

Tamaño y dedo con garra.

Ponía unos huevos redondos y grandes como pelotas de fútbol.

Jurásico (hace 154 millones de años).

Cuerpo macizo.

Parece que tardaba unos 40 años en convertirse en adulto.

Cretácico (hace 94 millones de años).

Argentinosaurio

A pesar de la notable **LONGITUD**, calculada alrededor de los 35 metros, el argentinosaurio era bastante ágil y relativamente **VELOZ**. Probablemente tenía que defenderse del giganotosaurio, un depredador feroz que habitaba en la misma zona y que, posiblemente, cazaba en manada.

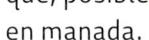

Braquiosaurio

Además de un cuello largo y flexible, el braquiosaurio tenía las **PATAS DELANTERAS MÁS LARGAS** que las traseras para poder alcanzar fácilmente las ramas más altas, situadas hasta unos 9 metros del suelo. A diferencia de otros saurópodos, su cola era más **CORTA**.

Cuerpo macizo.

Tenía la nariz sobre la cabeza, así las hojas no se la tapaban mientras comía.

Jurásico (hace 154 millones de años).

TRICERÁTOPS

NOMBRE CIENTÍFICO:
Triceratops horridus

¡Pensé que estaría en el podio!

LONGITUD: 9 metros

Los **CUERNOS** y el gran collar óseo seguramente le resultaban pesados al tricerátops, pero seguro que los soportaba con gusto, ya que de ellos dependía su supervivencia. Como pasa hoy en día con los actuales bisontes, los tricerátops usaban estos gruesos cuernos sobre todo en las peleas de fuerza entre machos, pero también les eran muy útiles cuando les atacaba un gran depredador. Si además le añadimos **POTENCIA MUSCULAR**, nos haremos una idea del miedo que debía de pasar el que se cruzara en su camino.

PESO ESTIMADO:
8 toneladas

DIETA: herbívoro (comía alimentos de origen vegetal)

PERIODO: Cretácico (hace 66 millones de años)

¡Seguro que te lo merecías!

ARMA LETAL

Tres cuernos y potencia muscular.

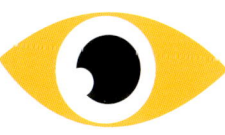

CURIOSIDAD

Solo la cabeza medía 2 metros de largo y de ancho.

23

PUESTO

3.

TIRANOSAURIO

NOMBRE CIENTÍFICO:
Tyrannosaurus rex

¿Tercer puesto? ¡Y pensar que alguna vez fui el rey!

LONGITUD 12,5 metros

El tiranosaurio, o T. rex, ¡era «el depredador» por excelencia! Su éxito se basa en su inmensa y **TERRORÍFICA BOCA**, configurada por casi 60 dientes que siempre estaban afilados porque se renovaban continuamente.

Por lo general, prefería comer animales vivos, pero no era nada quisquilloso y no rechazaba un buen cadáver. Tenía un olfato muy desarrollado que le permitía rastrear a las presas desde muy lejos. Una vez que las alcanzaba, difícilmente las dejaba escapar gracias a la increíble **POTENCIA DE SU MORDEDURA**, que fácilmente habría podido aplastar ¡hasta un automóvil!

PESO ESTIMADO: 9 toneladas

DIETA: carnívoro (comía alimentos de origen animal)

PERIODO: Cretácico (hace 68 millones de años)

ARMA LETAL
Dientes grandes como plátanos y olfato muy desarrollado.

CURIOSIDAD
Las crías al nacer apenas medían 90 centímetros de largo, pero crecían muy rápido.

LOS GRANDES CARNÍVOROS

Los dinosaurios depredadores más grandes caminaban apoyándose únicamente sobre sus potentes patas traseras. Los **BRAZOS**, por su parte, eran bastante **CORTOS**, pero estaban dotados de largas garras. De ese modo, podían correr más rápido y moverse con mayor agilidad frente a los dinosaurios cuadrúpedos, lo que los convertía en presas fáciles. Todos tenían una **CABEZA MACIZA**, con la boca formada por una espantosa fila de **DIENTES**, a menudo **AFILADOS**.

LAS DIMENSIONES DE ALGUNOS DEPREDADORES, COMO LOS TRES AQUÍ REPRESENTADOS, ERAN IMPRESIONANTES. CUANDO CORRÍAN, MANTENÍAN SU LARGA Y ROBUSTA COLA LEVANTADA DEL SUELO PARA EQUILIBRAR EL PESO DE LA CABEZA.

Carnotauro

Olfato y velocidad.

La piel de sus flancos estaba protegida por placas óseas.

Cretácico
(hace 70 millones de años).

Para darle al carnotauro un aspecto aún más feroz (¡como si sus dientes y sus garras no bastaran!), tenía dos **CUERNOS ENCIMA DE LOS OJOS** que usaba, probablemente, para cazar o para luchar con los de su misma especie por el territorio y durante el periodo apareamiento.

Giganotosaurio

Por sus considerables dimensiones, el giganotosaurio podía preocupar también a los inmensos dinosaurios de cuello largo, como el argentinosaurio. Con su **GRAN MANDÍBULA, ERA CAPAZ** de provocar **HERIDAS MORTALES**.

Dientes grandes y mordedura potente.

Su cráneo medía 1,8 metros de largo, pero su cerebro era bastante pequeño.

Cretácico (hace 96 millones de años).

Tarbosaurio

Podemos considerar el tarbosaurio como la alternativa asiática del tiranosaurio: igual que él, tenía una **CABEZA ENORME** y unos brazos que eran puro hueso. Cazaba grandes herbívoros que primero separaba de la manada y, después, capturaba agarrándolos con la boca.

Dientes grandes y mordedura potente.

Es probable que su oído y su olfato fueran mejores que su vista.

Cretácico (hace 70 millones de años).

ESPINOSAURIO

NOMBRE CIENTÍFICO:
Spinosaurus aegyptiacus

LONGITUD: 15 metros

Quizás basta con recordar que el espinosaurio ha sido hasta la actualidad el animal **CARNÍVORO MÁS GRANDE** que ha existido nunca sobre la Tierra. Capturaba las presas, sobre todo peces, en las aguas de los grandes ríos y las atrapaban con sus garras y sus dientes, **SIN OPCIÓN A ESCAPAR**. Se movía con agilidad en el agua gracias a sus **PATAS PALMEADAS** y a una cola tan alta que funcionaba como una **ALETA** para nadar. La larga vela que tenía a lo largo de su espalda lo hacía visible para todos.

PESO ESTIMADO:
7 toneladas

DIETA: carnívoro (comía alimentos de origen animal)

PERIODO: Cretácico (hace 100 millones de años)

ARMA LETAL
Largo hocico de cocodrilo
con numerosos dientes.

CURIOSIDAD
Los primeros restos fósiles
encontrados fueron destruidos
durante la Segunda Guerra
Mundial.

UNA DIETA ESPECIAL

A veces, es mejor elegir un tipo especial de comida para no tener que luchar con otros depredadores. Así lo hizo la familia de los espinosáuridos: todos los componentes del grupo, de hecho, eran grandes **¡COMEDORES DE PESCADO!** Por supuesto, no estaban obligados a alimentarse solo de eso y, igual que los cocodrilos de hoy en día, si se les ponían a tiro, pillaban también animales terrestres, pequeños dinosaurios incluidos.

IGUAL QUE LOS HIPOPÓTAMOS, DEBÍAN DE PASAR LARGOS PERIODOS SUMERGIDOS EN EL AGUA. ES PROBABLE QUE TUVIERAN TODOS LOS DEDOS PALMEADOS PARA PODER NADAR A MAYOR VELOCIDAD. ESTOS SON TRES «REPTILES ESPINOSOS».

Baryonyx

El baryonyx habitaba los humedales, donde siempre tenía a su disposición agua dulce y pescado.
De hecho, aparte de tener las patas más rectas y más largas, no debía de ser muy diferente a un **COCODRILO** y probablemente fuera igual de **AGRESIVO**.

Dientes cónicos.

La piel de los flancos estaba protegida con placas.

Cretácico (hace 145 millones de años).

Suchomimus

Largo hocico dotado de dientes.

Las hembras excavaban nidos en las riberas de los ríos, donde ponían hasta 100 huevos.

Cretácico (hace 120 millones de años).

Los científicos han descubierto que el suchomimus tenía los huesos más ligeros que los del resto de la familia, y eso le **IMPEDÍA SUMERGIRSE**. Por eso se cree que debía de pasar la mayor parte del tiempo en tierra buscando peces en lugares de aguas poco profundas.

Ichthyovenator

Ichthyovenator, es decir, «cazador de peces», es un nombre que le va muy bien a este dinosaurio. Como sus parientes, buscaba las presas en los ríos ayudado de unos **RECEPTORES ESPECIALES** que tenía sobre el hocico y que le permitían pescar también en aguas turbias.

Receptores de presión.

La vela de su espalda se dividía en dos mitades.

Cretácico (hace 150 millones de años).

TROODON

¡SORPRESA! Soy el más pequeño..., ¡pero el más letal!

NOMBRE CIENTÍFICO:
Troodon formosus

LONGITUD: 2 metros

¡No hay que juzgar la peligrosidad por el aspecto! Tenemos delante al dinosaurio con **MÁS INTELIGENCIA** que jamás haya existido, y eso lo convertía, también, en el más letal.

Aunque no fuera gigante, sus batidas de caza siempre tenían éxito gracias a las estrategias de ataque que ponía en práctica junto a su manada. Además, tenía una ventaja: sus **GRANDES OJOS FRONTALES** le permitían calcular con precisión a qué distancia se encontraba la presa, incluso en los momentos de escasa luz de la puesta de sol.

PESO ESTIMADO:
40 kg

DIETA: carnívoro (comía alimentos de origen animal)

PERIODO: Cretácico (hace 75 millones de años)

ARMA LETAL
Inteligencia y trabajo de grupo.

CURIOSIDAD
Ponía los huevos de dos en dos, por eso siempre se encuentra un número par de huevos en sus nidos.

¡VAYA CEREBRITOS!

La palabra *raptor* sirve para indicar un grupo de dinosaurios que tenían en común estas características: además de guardar **PARECIDO CON LAS AVES**, todos eran **ÁGILES Y VELOCES**, tenían **PLUMAS**, brazos con **TRES LARGOS DEDOS**, **BUENA VISTA** y una **GARRA** larga y afilada sobre cada pie. Los raptores eran un género de dinosaurios de pequeñas dimensiones, del tamaño de un pavo, aunque algunos podían ser más altos que un hombre.

TODOS ERAN ASTUTOS; DE HECHO, SU CEREBRO ERA MÁS GRANDES QUE EL DEL RESTO DE LOS DINOSAURIOS, AUNQUE MÁS PEQUEÑO QUE EL DE LOS MAMÍFEROS. ¡VEAMOS TRES EJEMPLOS!

Microraptor

Parecido a un cuervo, el microraptor estaba cubierto de plumas, las cuales se sabe que eran de color negro iridiscente. Tenía plumas tanto en los brazos como en las patas, hecho que lo convertía en un animal de **CUATRO ALAS**.

Efecto sorpresa y dientes pequeños.

Usaba las garras de las manos y los pies para subirse a los árboles más altos y, después, lanzarse.

Cretácico (hace 125 millones de años).

Velociraptor

Aunque estaba cubierto de plumas de pies a cabeza, el velociraptor prefería mantener los pies en la tierra y, en vez de volar, **CORRÍA** a 40 kilómetros por hora manteniendo siempre levantada la garra del pie, preparada para atrapar cualquier presa, a la que mataba luego de un **MORDISCO**.

Olfato.

Tenía ojos grandes, por lo que probablemente era un cazador nocturno.

Cretácico (hace 75 millones de años).

Austroraptor

Garras.

Un hocico bastante delgado indica que su mordedura no era nada potente.

Cretácico (hace 78 millones de años).

El austroraptor vivía en una región que corresponde a la actual Sudamérica. Comparado con los raptores del norte, tenía los brazos más cortos y un hocico más alargado. Es probable que usara las **GARRAS** para atrapar pequeños animales o peces, que luego recogía con sus pequeños **DIENTES** cónicos, nada adaptados para desgarrar la carne.

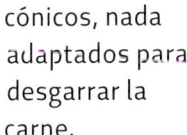

PREGUNTAS JURÁSICAS

¡10 DINOSAURIOS, 10 PREGUNTAS! SI NO SABES LAS RESPUESTAS…, ¡NO IMPORTA! HAZ LA PRUEBA SIN MIEDO A EQUIVOCARTE. SI PASAS A LA SIGUIENTE PÁGINA, ¡DESCUBRIRÁS LA RESPUESTA CORRECTA!

10- ¿CÓMO CAMINABA EL IGUANODONTE?

A Sobre dos patas.

B Sobre cuatro patas.

C Tanto a dos como a cuatro patas.

9- ¿DE QUÉ ESTABAN HECHAS LAS PLACAS DE LA ESPALDA DEL ESTEGOSAURIO?

A De hueso, como el esqueleto.

B De queratina, como las uñas.

C De marfil, como los dientes.

8- ¿QUÉ SIGNIFICA EL NOMBRE TERICINOSAURIO?

A Lagarto trueno.

B Lagarto guadaña.

C Lagarto martillo.

7- ¿POR QUÉ EL ANQUILOSAURIO TENÍA LAS PATAS CORTAS?

A Para comer mejor las plantas del suelo.

B Para caminar mejor por el sotobosque.

C Para evitar quedarse patas arriba.

6- ¿CÓMO ERA LA COLA DEL DEINONYCHUS?

A Larga y rígida.

B Blanda y elástica.

C Robusta y flexible.

5- ¿QUÉ TIPO DE UÑAS TENÍA EL APATOSAURIO?

A Garras.

B Pezuñas.

C No tenía uñas.

4- ¿CUÁNTOS DIENTES TENÍA EL TRICERÁTOPS?

A 200.

B 20.

C 2.

3- ¿CUÁNTO PODÍA LLEGAR A VIVIR UN TIRANOSAURIO?

A 16 años.

B 28 años.

C 64 años.

2- ¿DÓNDE FUERON ENCONTRADOS LOS HUESOS DEL ESPINOSAURIO?

A En China.

B En la Antártida.

C En África del Norte.

1- ¿QUÉ PARTICULARIDAD TENÍAN LOS HUEVOS DEL TROODON?

A Eran puestos de dos en dos.

B Eran de colores vivos.

C Eran grandes como una nuez.

RESPUESTAS JURÁSICAS

10-C Cuando caminaba tranquilo, probablemente lo hacía apoyándose sobre las patas traseras, pero, en situaciones de peligro, correr a cuatro patas le sería muy útil para darse a la fuga a mayor velocidad.

9-A Las placas planas, dispuestas en doble fila a lo largo de la espalda del estegosaurio, estaban hechas de duro hueso. No se insertaban directamente en el esqueleto, sino en la piel, y puede que estuvieran cubiertas de queratina.

8-B El nombre *tericinosaurio* deriva de las palabras griegas *sauros*, es decir 'lagarto', y *therizo*, que se traduce por 'guadaña'. Se le inventó este nombre para destacar sus espantosas garras.

7-C Aunque la barriga era la única parte de su cuerpo que no estaba protegida por la coraza, gracias a sus cortas patas, le quedaba muy cerca del suelo y, además, durante una lucha, el anquilosaurio podía rápidamente echarse a tierra para evitar que el depredador le diera la vuelta.

6-A Haciendo oscilar su cola, el deinonychus podía cambiar drásticamente de dirección en plena carrera sin caerse. Para poder hacer eso manteniendo el equilibrio, la cola era rígida y larga.

5-A El apatosaurio tenía grandes garras en la parte de arriba de sus manos. Probablemente las usaba para agarrar las ramas y acercarse las hojas más altas, pero también para excavar en el suelo y enterrar sus huevos o buscar el agua.

4-A Dentro de la boca de un tricerátops podía haber en total unos ¡200 dientes! Estaban dispuestos en aproximadamente 40 columnas, cada una de las cuales tenía entre 3 y 5 capas. Los dientes nuevos, más afilados, empujaban hacia fuera los más desgastados.

3-B Esta cifra es una hipótesis planteada por algunos científicos que han estudiados los huesos, que, como los troncos de los árboles, conservan a veces los anillos de crecimiento.

2-C El espinosaurio vivia en un área que hoy en día se encuentra en la parte septentrional del continente africano. El territorio debía de ser muy diferente a como lo vemos ahora: lo atravesaban grandes ríos con mucha agua.

1-A La hembra de troodon cada día ponía dos huevos y los enterraba en el lodo. Así, al cabo de poco más de una semana, en el nido podía haber entre 16 y 24 huevos, los cuales eran incubados también por el macho.

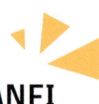

CRISTINA BANFI

Licenciada en Ciencias Naturales en la Universidad de Milán, ha enseñado en varias instituciones escolares. Hace más de 20 años que trabaja en comunicación científica y ludodidáctica y ha publicado varios libros, tanto didácticos como divulgativos, especialmente para el público infantil y juvenil. En los últimos años, ha publicado varios títulos para White Star.

REFERENCIAS FOTOGRÁFICAS

Todas las fotografías son de Shutterstock, excepto las páginas 29 y 34, que pertenecen a Alamy Images.

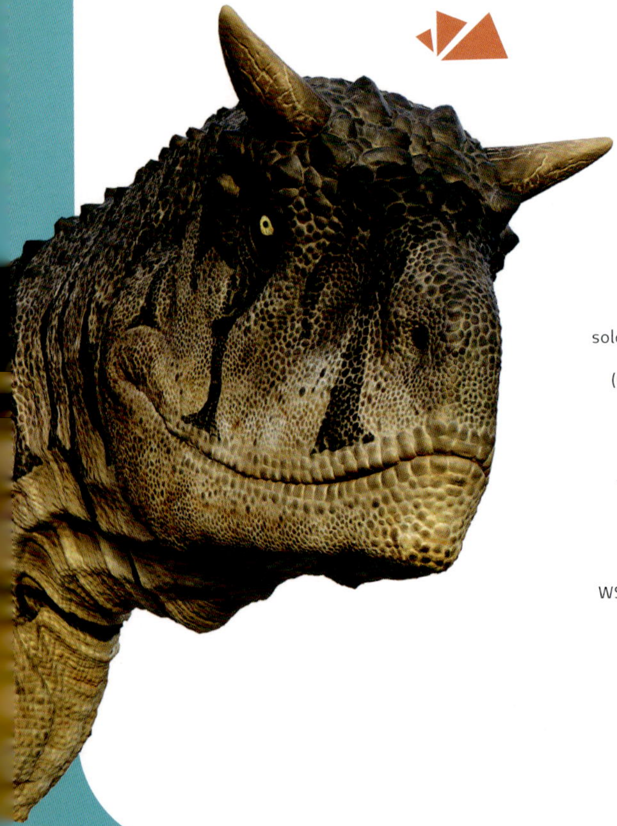

Título original: *Top Ten: I dieci dinosauri più pericolosi*
© White Star s.r.l., 2023
Piazzale Luigi Cadorna, 6
20123 Milán, Italia
www.whitestar.it
WS White Star Kids® es una marca registrada propiedad de White Star s.r.l.
© Traducción: Paula Soriano García, 2023
© Algar Editorial
Apartado de correos 225 - 46600 Alzira
www.algareditorial.com
Impreso en China

1.ª edición: marzo, 2024
ISBN: 978-84-9142-687-5
DL: V-2044-2023